Predecir

Predecir es cuando empiezas sabiendo algo porque lo leíste y lo usas para **adivinar** lo que va a pasar. Después, lo puedes **verificar** si sigues leyendo.

¿De quién serán?

Lada J. Kratky
Ilustraciones de Gráfika LLC

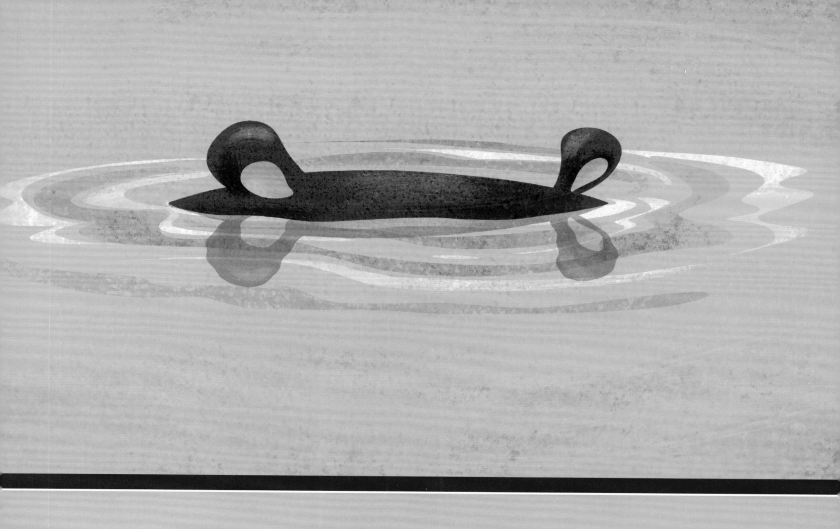

Mira estas orejas.

¿De quién serán?

Mira esta cola.

¿De quién será?

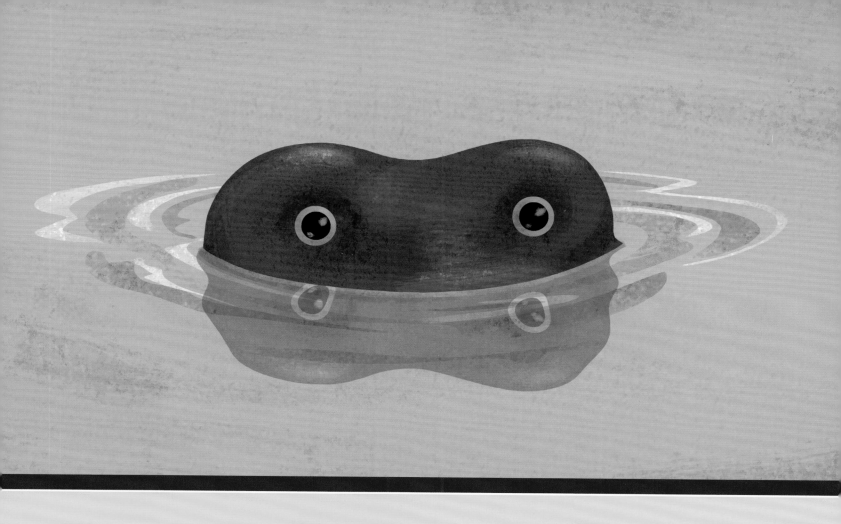

Mira estos ojos.

¿De quién serán?

Mira esta nariz.

¿De quién será?

Del hipopótamo ¡y de nadie más!

¿De quién serán?

ISBN: 978-1-68292-538-6

Dirección editorial: Isabel C. Mendoza
Edición: Ana I. Antón
Dirección de arte y producción: Jacqueline Rivera
Ilustración y montaje: Gráfika LLC

Published in the United States of America
Printed in USA by Bellak Color, Corp.
20 19 18 17   1 2 3 4 5 6 7 8 9 10

Aquí acaba este libro
escrito, ilustrado, diseñado, editado, impreso
por personas que aman los libros.
Aquí acaba este libro que tú has leído,
el libro que ya eres.